училище - skoro	2
пътуване - koiri	5
транспорт - transport	8
град - foto	10
пейзаж - landschap	14
ресторант - restaurant	17
супермаркет - wenkri	20
напитки - dringi	22
ядене - nyan	23
селски двор - burugron	27
къща - oso	31
всекидневна - foroisi	33
кухня - botrali	35
баня - was oso	38
детска стая - pikin kamra	42
облекло - krosi	44
офис - kantoro	49
икономика - ekonomia	51
професии - kari	53
инструменти - wrokosani	56
музикални инструменти - poku sani	57
зоологическа градина - meti dyari	59
спорт - sport	62
дейности - aktifiteit	63
семейство - famiri	67
тяло - skin	68
болница - ati oso	72
спешен случай - nowtu	76
Земя - grontapu	77
часовник - oloisi	79
седмица - wiki	80
година - yari	81
форми - form	83
цветове - kloru	84
противоположности - difrenti	85
числа - nomru	88
езици - den tongo	90
кой / какво / как - suma / sang / fa	91
къде - pe	92

Impressum
Verlag: BABADADA GmbH, Nedderfeld 112 , 22529 Hamburg
Geschäftsführer / Verlagsleitung: Harald Hof
Druck: Books on Demand GmbH, In de Tarpen 42, 22848 Norderstedt

Imprint
Publisher: BABADADA GmbH, Nedderfeld 112 , 22529 Hamburg, Germany
Managing Director / Publishing direction: Harald Hof
Print: Books on Demand GmbH, In de Tarpen 42, 22848 Norderstedt, Germany

училище
skoro

ученическа раница
skorotas

ученически несесер
kisi

молив
skriftiki

острилка за моливи
srapu

гума
sisibi

блок за рисуване
prenki buku

рисунка
prenki

четка
kwasi

акварелни бои
ferfidosu

ножица
sisei

лепило
gomma

тетрадка за упражнения
skrifbuku

домашна работа
skorowroko

число
nomru

събиране
teri

изваждане
koti

умножение
vermenigvuldig

смятане
teri

буква
brifi

азбука
alfabet

дума
wortu

училище - skoro

текст
awortu

чета
lesi

тебешир
kreiti

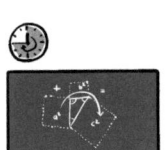

час
yuru

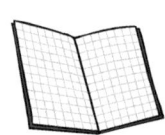

дневник на класа
klasbuku

изпит
examen

свидетелство
skoropapira

ученическа униформа
sem skoro krosi

образование
skoro

справочник
encyklopedie

университет
unifersiteit

микроскоп
mikroskoop

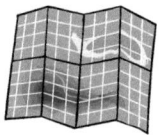

карта
karta

кошче за хартиени отпадъци
doti embre

училище - skoro

пътуване
koiri

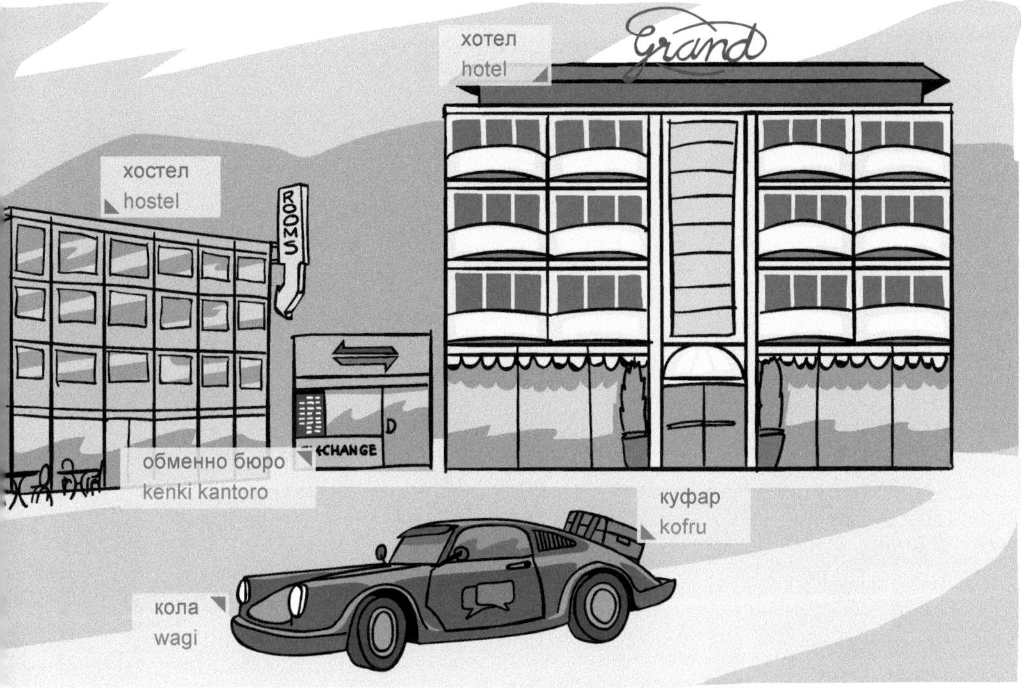

Grand
хотел
hotel
хостел
hostel
ROOMS
обменно бюро
kenki kantoro
куфар
kofru
кола
wagi

език

tongo

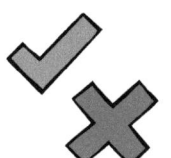

да / не

ai / no

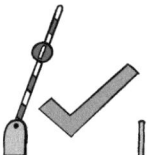

Окей

afen

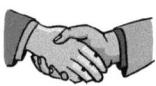

здравей

Ei!

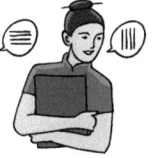

преводач

torku

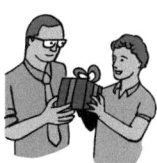

Благодаря

Grantangi

Колко струва…?
O meni…?

Не разбирам
Mi ne ferstan

проблем
problema

Добър вечер!
Kuneti!

Добро утро!
Morgu!

Лека нощ!
Kuneti!

довиждане
Adyosi!

посока
beni

багаж
bagasi

пътна чанта
tas

раница
tas

посетител
fisiti

стая
kamra

спален чувал
sribi saka

палатка
tenti

 туристическа информация reiskantoro	 плаж sekanti	 кредитна карта kreditkarta
 закуска mamanten nyanyan	 обед nyanyan	 вечеря nyanyan
 билет karta	 асансьор lift	 пощенска марка stampu
 граница lanki	 митница douane	 посолство ambassade
 виза fisa	 паспорт pasportu	

транспорт
transport

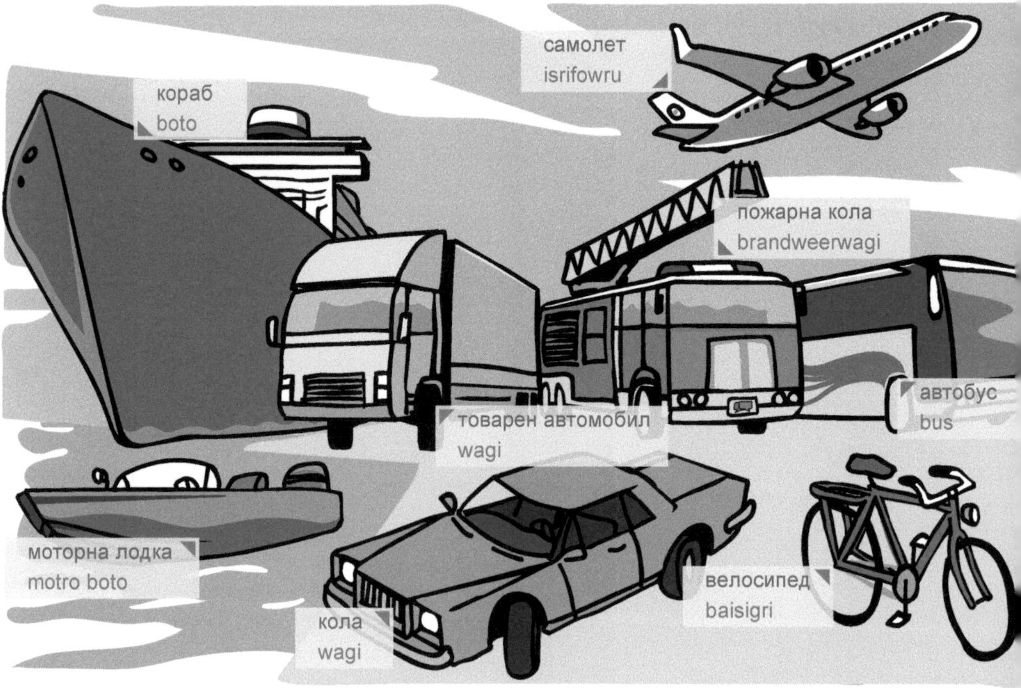

самолет
isrifowru

кораб
boto

пожарна кола
brandweerwagi

автобус
bus

товарен автомобил
wagi

моторна лодка
motro boto

велосипед
baisigri

кола
wagi

ферибот

pondo

лодка

boto

мотоциклет

motro

полицейска кола

skowtu wagi

състезателна кола

streilon wagi

кола под наем

yuru wagi

каршеринг
wagi prati

автомобил от "Пътна помощ"
takelwagi

сметовоз
doti wagi

двигател
motro

бензин
oli

бензиностанция
oli pompu

пътен знак
ferkeermarki

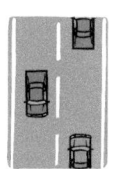

улично движение
ferkeer

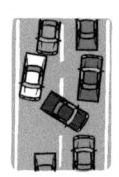

задръстване
reylo

паркинг
parkeerpresi

гара
lokopresi

релси
rail

влак
loko

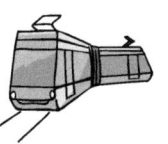

трамвай
loko

вагон
wagi

транспорт - transport

хеликоптер
helikopter

аерогара
opolangi

кула
fortresi

пасажер
pasasir

контейнер
kontainer

кашон
doso

ръчна количка
wagi

кошница
baskita

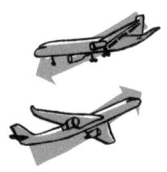

излитам / приземявам се
opo go / saka

град
foto

село
dorpu

градски център
fotosei

къща
oso

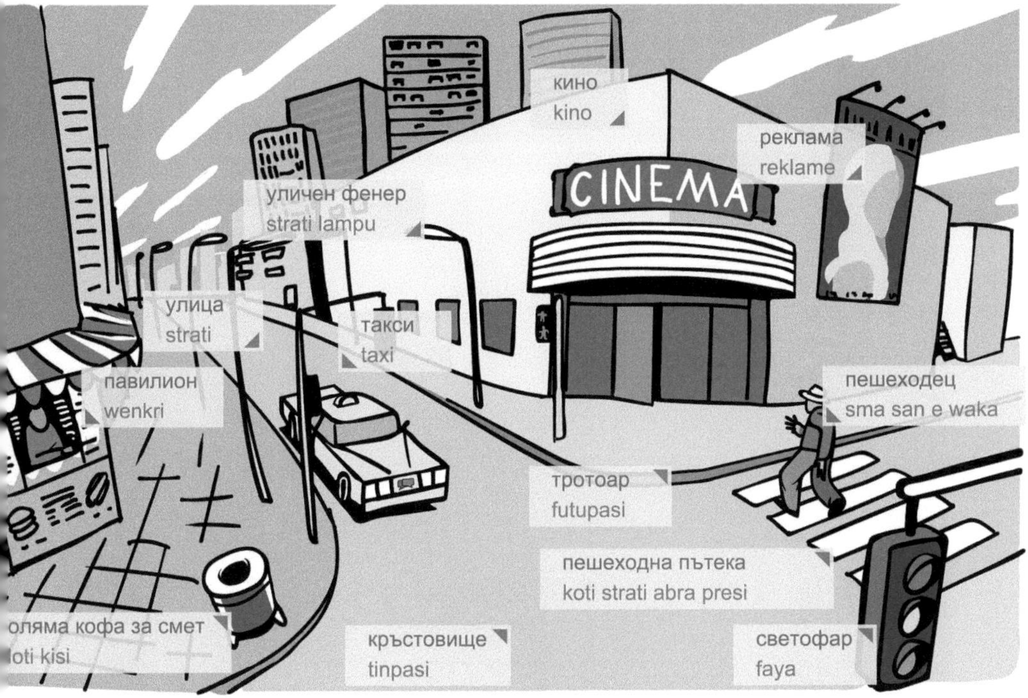

кино
kino
реклама
reklame
уличен фенер
strati lampu
улица
strati
такси
taxi
павилион
wenkri
пешеходец
sma san e waka
тротоар
futupasi
пешеходна пътека
koti strati abra presi
оляма кофа за смет
loti kisi
кръстовище
tinpasi
светофар
faya
CINEMA

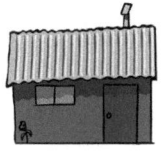

хижа

kampu

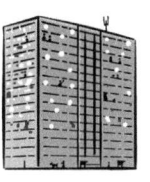

жилище

oso

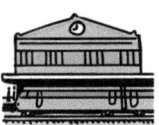

гара

lokopresi

кметство

foto oso

MUSEUM

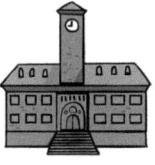

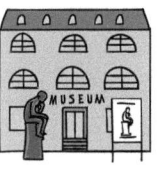

музей

museum

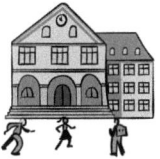

училище

skoro

университет
unifersiteit

банка
bangi

болница
ati oso

хотел
hotel

аптека
apteiki

офис
kantoro

книжарница
buku winkri

магазин за цветя
wenkri

магазин за цветя
bromki winkri

супермаркет
wenkri

пазар
wowoyo

универсален магазин
wowoyo

търговец на риба
fisi seri man

търговски център
bigi wenkri

пристанище
lanpresi

парк
park

пейка
bangi

мост
broki

стълба
trapu

метро
fatyawagi

тунел
ondrogron-strati

автобусна спирка
bushalte

бар
bar

ресторант
restaurant

пощенска кутия
brifibus

улична табелка
strati nen marki

часовник за паркинг престой
parkeer marki

зоологическа градина
meti dyari

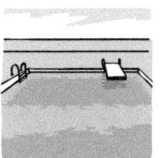

плувен басейн
swen presi

джамия
gado-oso

град - foto

селски двор
burugron

замърсяване на околната среда
doti sani

гробище
berpe

църква
kerki

детска площадка
prei presi

храм
gado-oso

пейзаж
landschap

листо — wiwiri
пътепоказател — pasi marki
път — pasi
ливада — wei
камък — ston
дърво — bon
пътешественик — koiri sma
река — libi
трева — grasi
цвете — bromki

пейзаж - landschap

долина
lagi presi

планина
lebriki

море
fisi-olo

гора
busi

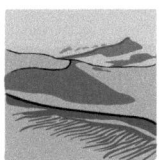
пустиня
dreisabana

вулкан
bergi

замък
ridder-oso

дъга
alenbo

гъба
todoprasoro

палма
palmbon

комар
maskita

муха
freifrei

мравка
mira

пчела
waswasi

паяк
anansi

пейзаж - landschap 15

бръмбар
asege

жаба
todo

катеричка
bonboni

таралеж
agidya

заек
kon koni

кукумявка
owru kuku

птица
fowru

лебед
gansi

диво прасе
werder agu

елен
dia

лос
dia

бент
dan

вятърна турбина
winti miri

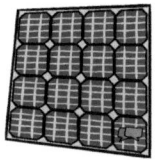

соларен модул
son planga

климат
weer

пейзаж - landschap

ресторант
restaurant

келнер
diniman

меню
nyankarta

стол
sturu

пица
pissa

супа
supu

прибори за хранене
nefi nanga forku

покривка за маса
tafra duku

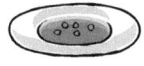

предястие
fesi nyanyan

основно ястие
moro prenspari sortu nyan

десерт
switi sani

напитки
dringi

ядене
nyan

бутилка
batra

ресторант - restaurant

бързо хранене
fastfood

улична храна
strati nyanyan

кана за чай
tépatu

кутия за захар
sukru patu

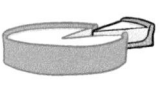

порция
krab'patu

еспресо машина
espressomasyin

висок детски стол
pikin sturu

сметка
borgu

табла
brakri

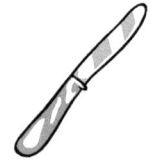

ножица за нокти
nefi

вилица
forku

лъжица
spun

чаена лъжичка
téspun

салфетка
servet

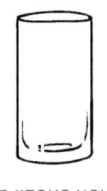

стъклена чаша
grasi

ресторант - restaurant

чиния
preti

чиния за супа
supu preti

чинийка
skotriki

сос
sowsu

солница
sowtupatu

мелничка за черен пипер
pepre miri

оцет
asin

олио
oli

подправки
specerij

кетчуп
ketchup

горчица
mosterd

майонеза
mayonaise

ресторант - restaurant

супермаркет

wenkri

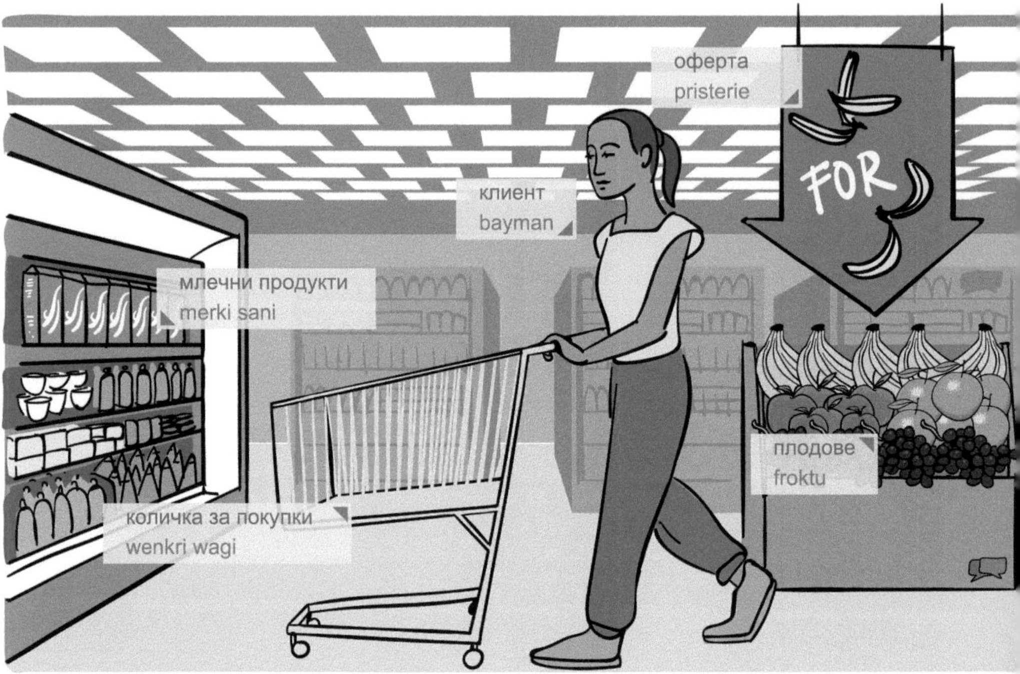

оферта
pristerie
FOR
клиент
bayman
млечни продукти
merki sani
плодове
froktu
количка за покупки
wenkri wagi

BUTCHERS

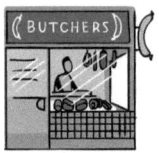

кланица

srakti-oso

BAKERY

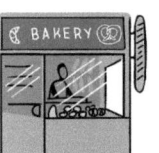

хлебарница

bakri-oso

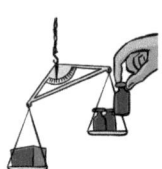

тегля

wegi

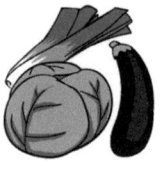

зеленчуци

gruntu

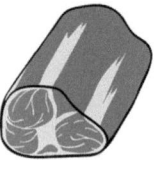

месо

meti

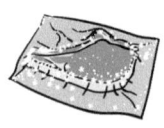

дълбоко замразена храна

dijskasi sani

нарязан колбас или сирене
kowru meti

консерви
blik nyan

перилен препарат
wasi sani

лакомства
switi sani

домакински изделия
oso sani

почистващи препарати
sani fu krin

продавачка
seri sma

каса
kas

касиер
kasman

писък на покупките
bai marki

работно време
opo yuru

портфейл
portmoni

кредитна карта
kreditkarta

чанта
tas

пластмасова торба
plastik saka

супермаркет - wenkri

напитки
dringi

вода
watra

сок
sap

мляко
merki

кола
kola

вино
win

бира
biri

алкохол
sopi

какао
skrati

чай
té

кафе машина
kofi

еспресо
espresso

капучино
kappuccino

ядене
nyan

банан
bakba

ябълка
apra

портокал
apresina

пъпеш
watramun

лимон
sitrun

морков
rutu

чесън
konofroku

бамбук
bambu

лук
aiun

гъба
todoprasoro

ядки
noto

макарони
pasta

спагети	ориз	салата
spaghetti	alesi	salade

пържени картофи	печени картофи	пица
patata	baka patata	pissa

хамбургер	сандвич	шницел
burger	brede	schnitsel

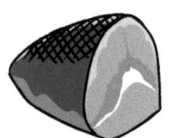  

шунка	траен колбас	салам
ameti	salami	worst

пиле	печено	риба
kafowru	bakadina	fisi

ядене - nyan

овесени ядки hafermout	мюсли muesli	корнфлейкс karuflakes
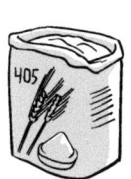		
брашно blon lolo	кроасан croissant	хлебчета brede

хляб brede	препечена филийка baka brede	бисквити buskutu

масло botro	извара kwark	сладкиш kuku
		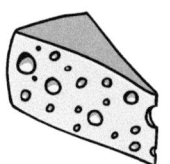
яйце eksi	яйца на очи baka eksi	сирене kasi

сладолед
ice-cream

захар
sukru

мед
oni

мармалад
jam

нуга крем
sukruskrati pasta

къри
kerrie

ядене - nyan

селски двор
burugron

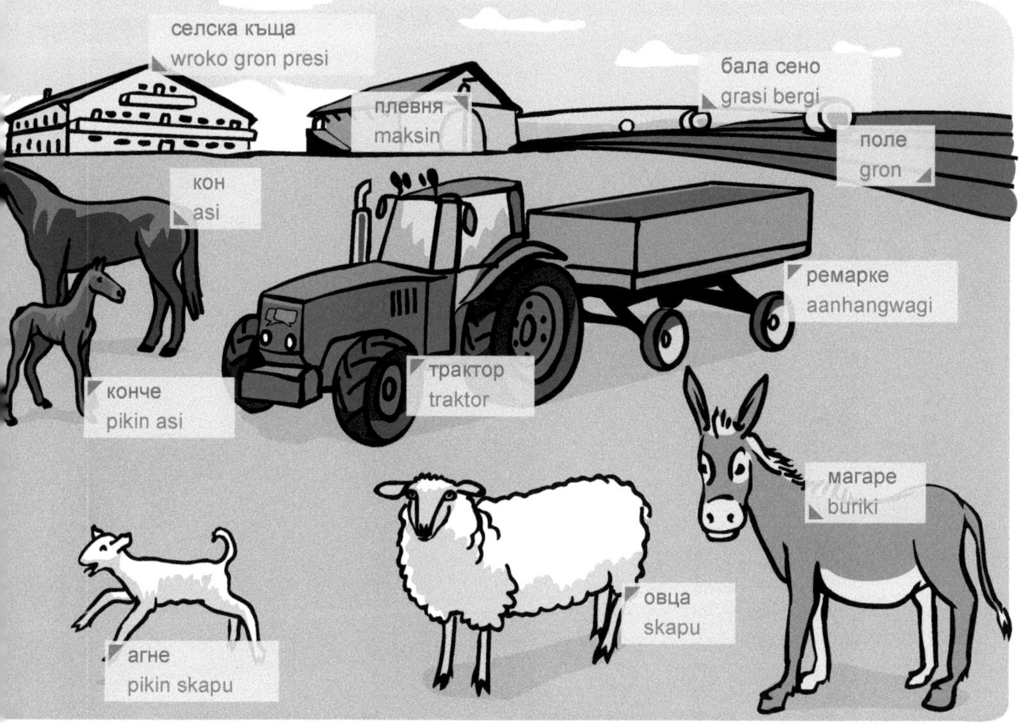

селска къща — wroko gron presi
плевня — maksin
бала сено — grasi bergi
поле — gron
кон — asi
ремарке — aanhangwagi
конче — pikin asi
трактор — traktor
магаре — buriki
овца — skapu
агне — pikin skapu

коза
krabita

крава
kaw

теле
pikin kaw

свиня
agu

прасенце
pikin agu

бик
burkaw

гъска
gansi

патица
doksi

пиленце
pikin fowru

кокошка
fowru

петел
kakafowru

плъх
alata

котка
puspusi

мишка
moismoisi

вол
burkaw

куче
dagu

кучешка колиба
dagu pen

градински маркуч
tuinslang

лейка
watra kan

коса
nefi

плуг
pluga

селски двор - burugron

сърп
babun-nefi

мотика
tyapu

вила за тор
forku

брадва
beyri

ръчна количка
kroiwagi

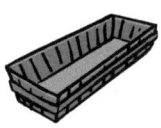

корито
baki

съд за мляко
merki kan

чувал
saka

ограда
skotu

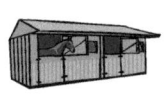

обор
pen

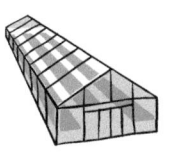

парник
grun kasi

земя
gron

сеитба
siri

тор
doti

комбайн
maaidorser

селски двор - burugron

жъна
koti

реколта
nyanyan

ямс
yami

жито
aleisi

соя
soja

картоф
patata

царевица
karu

рапица
koro siri

овощно дърво
froktu bon

маниока
kasaba

зърнени храни
siri

селски двор - burugron

къща
oso

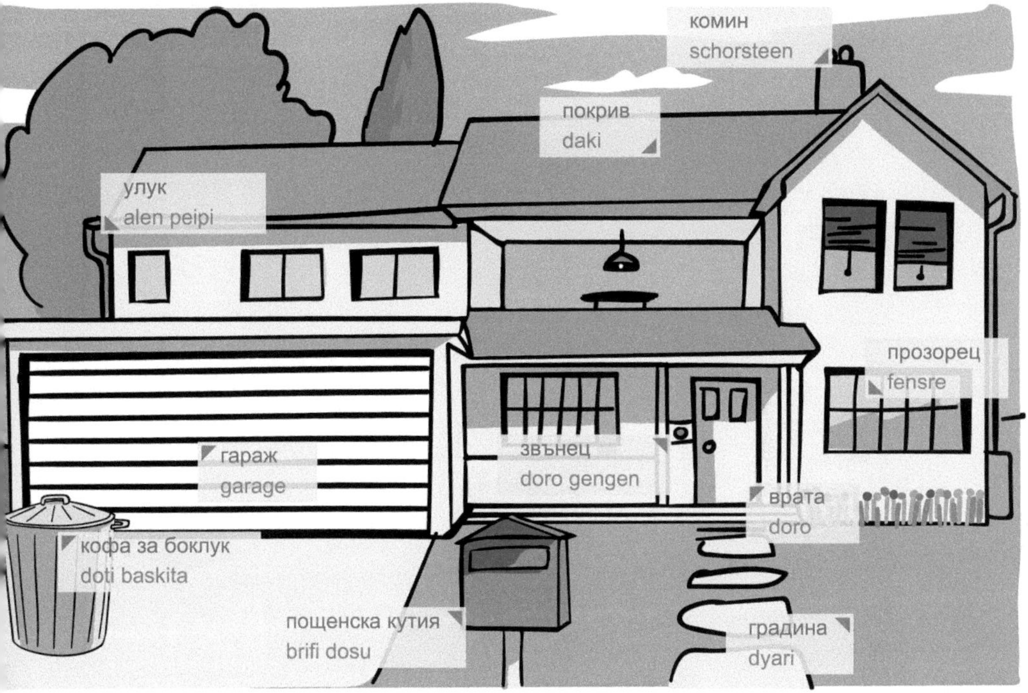

- комин / schorsteen
- покрив / daki
- улук / alen peipi
- прозорец / fensre
- гараж / garage
- звънец / doro gengen
- врата / doro
- кофа за боклук / doti baskita
- пощенска кутия / brifi dosu
- градина / dyari

всекидневна
foroisi

баня
was oso

кухня
botrali

спалня
sribikamra

детска стая
pikin kamra

трапезария
nyanyan kamra

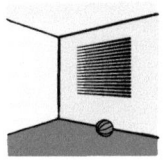

под
gron

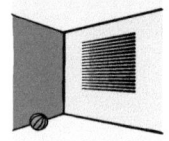

стена
skotu

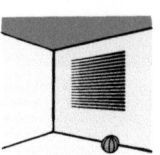

таван
plafon

изба
kedre

сауна
sauna

балкон
barkon

тераса
terras

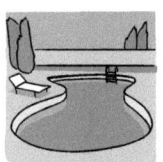

плувен басейн
swen presi

косачка
waimasyin

спално бельо
sribikrosi

покривка за легло
sribikrosi

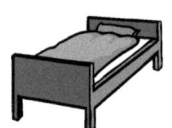

легло
bedi

метла
sisibi

кофа
embre

електрически ключ
san fu leti faya

всекидневна
foroisi

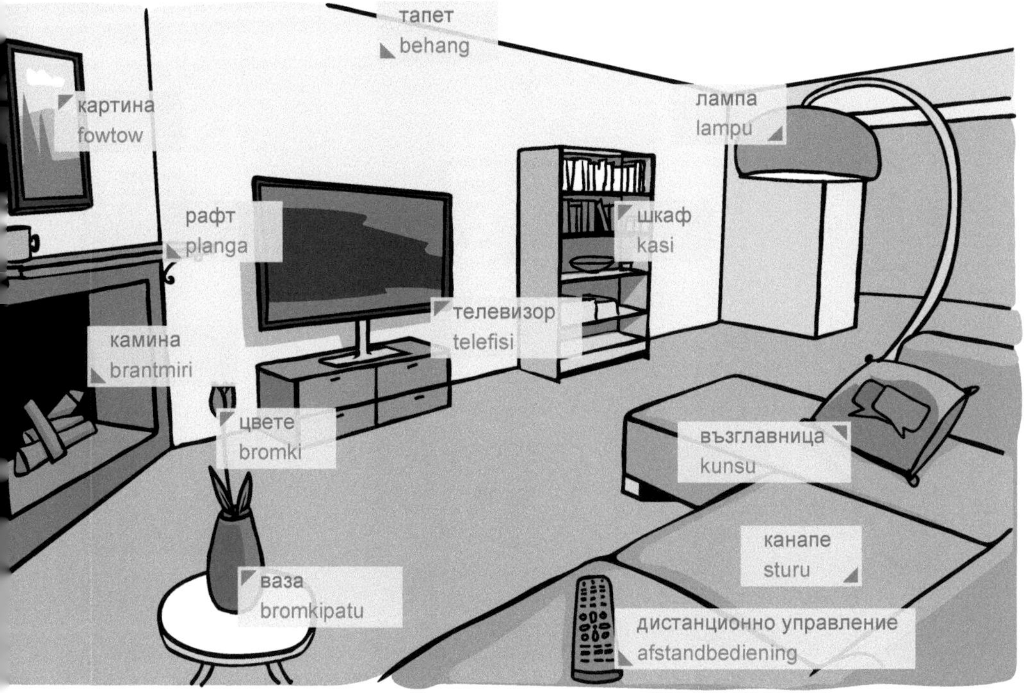

тапет / behang
картина / fowtow
лампа / lampu
рафт / planga
шкаф / kasi
камина / brantmiri
телевизор / telefisi
възглавница / kunsu
цвете / bromki
ваза / bromkipatu
канапе / sturu
дистанционно управление / afstandbediening

килим
matamata

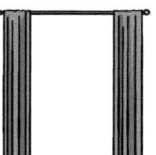

завеса
garden

маса
tafra

стол
sturu

люлеещ се стол
boboisturu

кресло
sturu

всекидневна - foroisi

книга
buku

одеяло
tapun

декорация
pranpran

дърва за отопление
udu

филм
kino

стерео уредба
stereo- installatie

ключ
sroto

вестник
koranti

живопис
skedrei

постер
poster

радио
konkrudosu

бележник
skrifi buku

прахосмукачка
stofsuiger

кактус
kaktus

свещ
kandra

всекидневна - foroisi

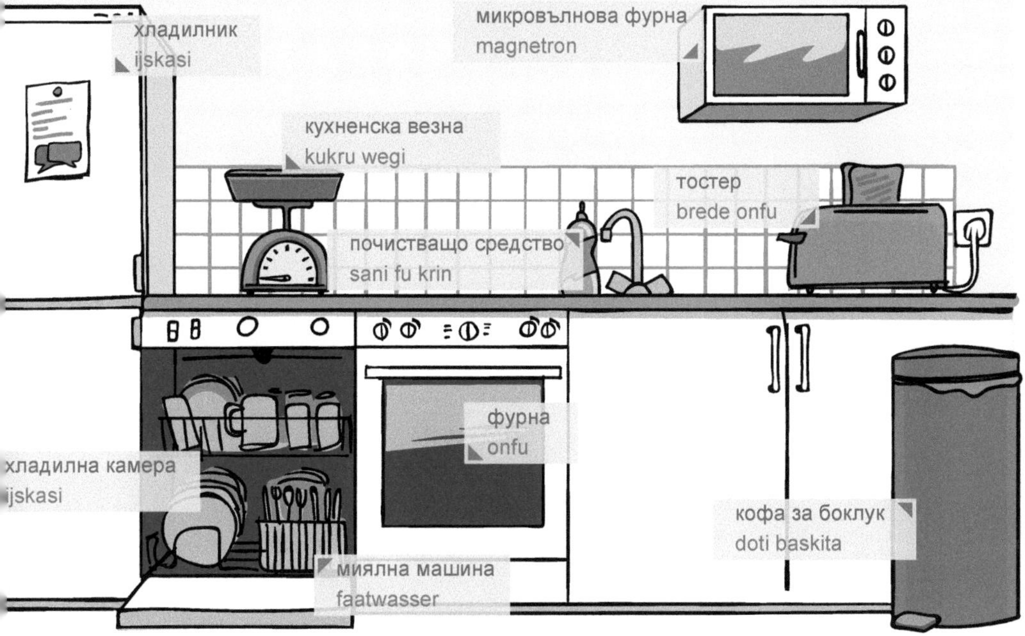

кухня
botrali

хладилник
ijskasi

микровълнова фурна
magnetron

кухненска везна
kukru wegi

тостер
brede onfu

почистващо средство
sani fu krin

фурна
onfu

хладилна камера
ijskasi

кофа за боклук
doti baskita

миялна машина
faatwasser

готварска печка
onfu

тенджера
patu

желязна тенджера
isri patu

уок / кадаи
wok / kadai

тиган
pan

кана за затопляне на вода
ketre

кухня - botrali

уред за готвене на пара
dampupatu

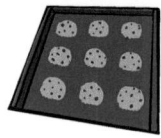

тава за печене
baka preti

съдове
tafra-sani

чаша
kan

купа
koba

клечки за хранене
nyantiki

черпак
supu spun

лопатка за тиган
spatel

тел за разбиване (на яйца, белтъци)
klutser

кошница за варене
fergiet

гевгир
dorodoro

ренде
gritigriti

хаван
mortier

барбекю
barbakoto

огнище
faya presi

дъска
koti planga

точилка
blon lolo

тирбушон
korkutreki

кутия
tromu

отварачка за консерви
knefi fu opo blik

кухненска ръкохватка
patu duku

мивка
wasibaki

четка
bosro

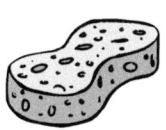
гъба
sponsu

миксер
blender

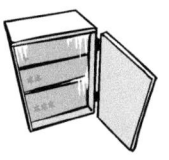
фризер
ijskasi

бебешко шише
beibi batra

воден кран
kran

кухня - botrali

баня

was oso

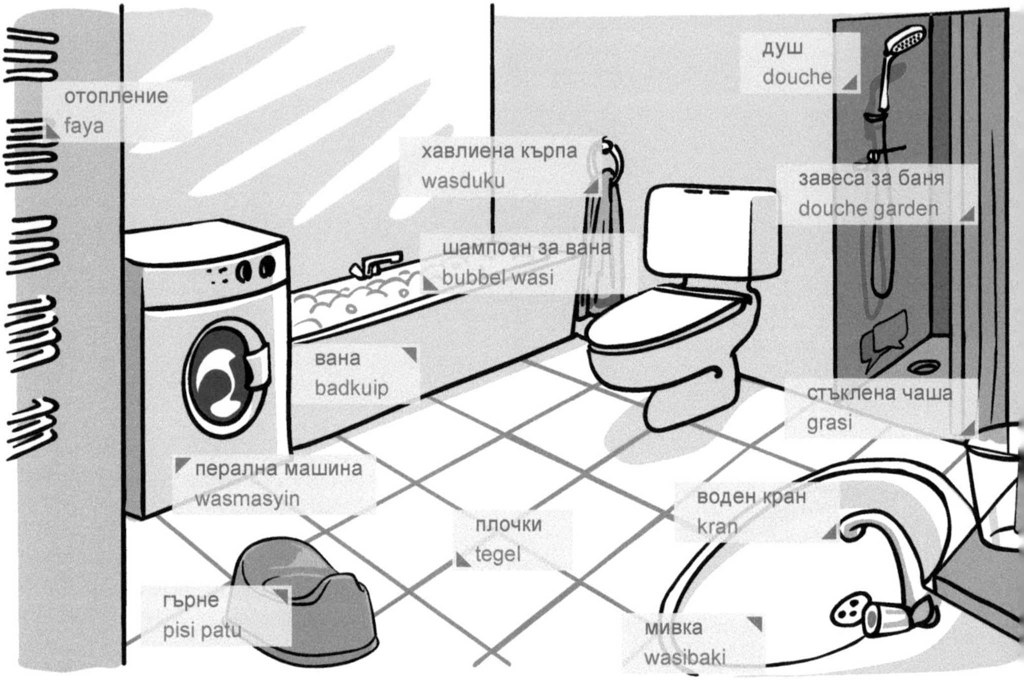

- отопление / faya
- душ / douche
- хавлиена кърпа / wasduku
- завеса за баня / douche garden
- шампоан за вана / bubbel wasi
- вана / badkuip
- стъклена чаша / grasi
- перална машина / wasmasyin
- плочки / tegel
- воден кран / kran
- гърне / pisi patu
- мивка / wasibaki

тоалетна
kumakoisi

клекало
kumakoisi

биде
bidet

писоар
pisi presi

тоалетна хартия
kumakoisi papira

четка за тоалетна
kumakoisi bosro

четка за зъби
tifi bosro

паста за зъби
tandpasta

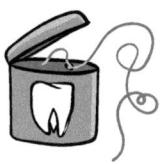

конец за зъби
floss

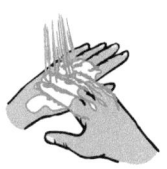

мия
wasi

ръчен душ
douche

интимен душ
kumakoisi douche

леген
was koba

четка за гръб
baka bosro

сапун
sopo

душ гел
douchegel

шампоан за вана
sopo

гъба за баня
was krosi

сифон
afvoer

крем
krème

дезодорант
okselstik

баня - was oso

огледало
spikri

козметично огледало
moimoi fu fesi spikri

ръчна самобръсначка
sebinefi

пяна за бръснене
sebiskuma

одеколон за след бръснене
aftershave

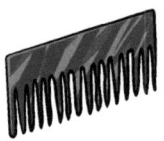
гребен
kankan

четка
bosro

сешоар
wiri drei masyin

спрей за коса
wirispray

грим
moimoi fu fesi

червило
lippenstift

лак за нокти
nangra ferfi

памук
katun

ножица за нокти
nangra sey

парфюм
switi smeri

тоалетна чантичка
tas gi krin sani

табуретка
kroku

везна
wegi

хавлия
was dyaki

домакински ръкавици
handschoen fu krin

тампон
tampon

дамски превръзки
munduku

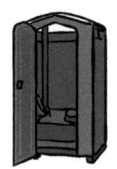

химическа тоалетна
kumakoisi

баня - was oso

детска стая
pikin kamra

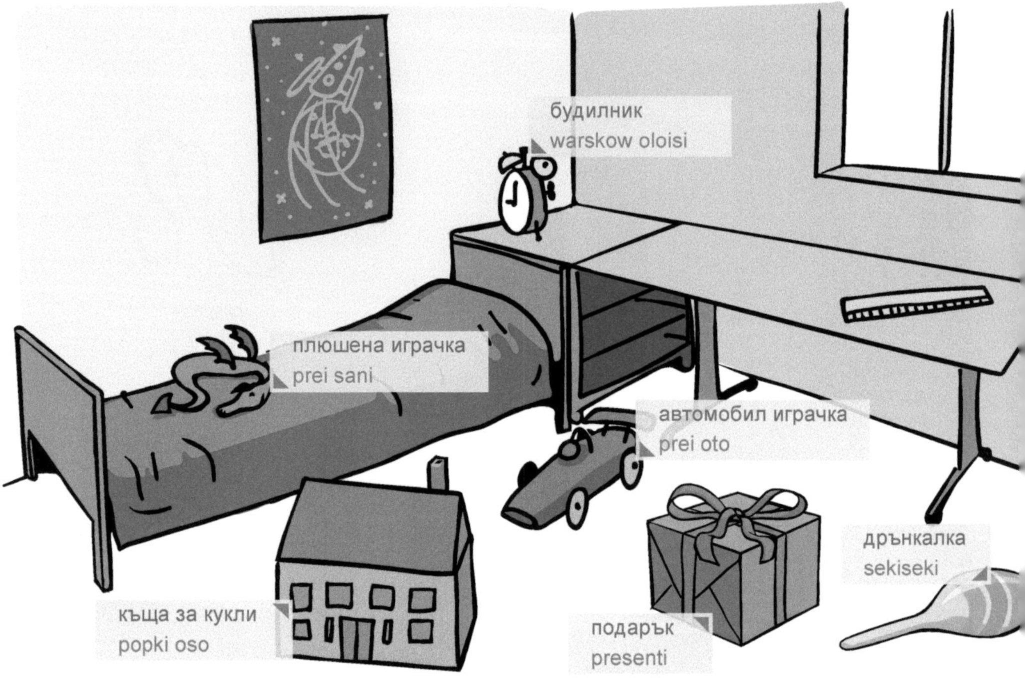

будилник
warskow oloisi

плюшена играчка
prei sani

автомобил играчка
prei oto

дрънкалка
sekiseki

къща за кукли
popki oso

подарък
presenti

балон
ballon

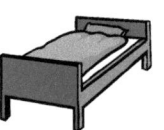

легло
bedi

детска количка
beibiwagi

игра на карти
paki karta

пъзел
laytori

комикс
strip torie

лего елементи
lego ston

строителни елементи
prei sani

екшън фигурка
aktiefiguurtje

бебешки гащеризон
beibikrosi

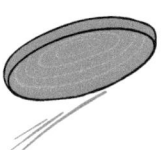
фрисби
frisbee

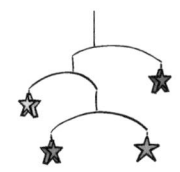
бебешки играчки за легло
mobile

настолна игра
prei tapu bord

зарче
prei ston

миниатюрно влакче
prei sani loko

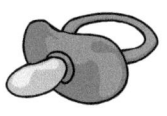
биберон
bobimofo

парти
fesa

детска книга с илюстрации
prenki buku

топка
bal

кукла
popki

играя
prei

пясъчник
santi baki

люлка
boboisturu

играчка
preisani

игрова конзола
prei komputer

велосипед с три колелета
baysigri

плюшено мече
prei sani

гардероб
krosi kasi

облекло
krosi

къси чорапи
kowsu

дълги чорапи
kowsu

чорапогащник
kowsu

облекло - krosi

боди
skin

панталон
bruku

дънки
jeansbruku

пола
koto

блуза
blus

риза
empi

пуловер
empi

суичър
dyaki

блейзър
djakti

яке
dyakti

палто
alendyakti

дъждобран
alendyakti

костюм
paki

рокля
yapon

булчинска рокля
trowyapon

костюм
paki

нощница
sribikrosi

пижама
sribikrosi

сари
sari

кърпа за глава
angisa

тюрбан
tulband

бурка
burka

кафтан
kaftan

абая
abaya

бански костюм
swenkrosi

плувни шорти
swenbruku

къс панталон
syatu bruku

анцуг
training paki

престилка
feskoki

ръкавици
handschoen

облекло - krosi

копче
knopo

очила
aygrasi

гривна
anubuy

верижка
keti

пръстен
linga

обеца
yesilinga

каскет
ati

закачалка
krosi anga

шапка
ati

вратовръзка
tay

цип
rits

каска
feti musu

тиранти
bretel

ученическа униформа
sem skoro krosi

униформа
sem krosi

облекло - krosi

лигавник
slabbetje

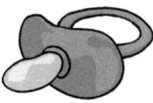

биберон
bobimofo

пелена
pisiduku

офис
kantoro

- сървър / server
- шкаф за документи / archief kasi
- принтер / printer
- монитор / monitor
- хартия / papira
- бюро / tafra
- мишка / moisi
- папка / map
- клавиатура / keyboard
- кошче за хартиени отпадъци / oti embre
- компютър / komputer
- стол / sturu

чаша за кафе
kofi kan

джобен калкулатор
kalkulator

интернет
internet

офис - kantoro

лаптоп
laptop

писмо
brifi

съобщение
boskopu

мобилен телефон
konkrutitei

мрежа
neti

ксерокс
kopi masyin

софтуер
software

телефон
konkrutitei

контакт
stopkontakt

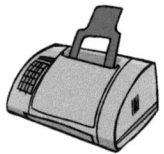

факс
fax masyin

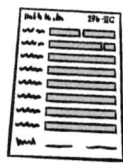

формуляр
formulier

документ
papira

офис - kantoro

икономика
ekonomia

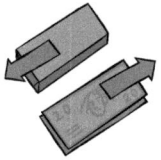
купувам
bai

плащам
pai

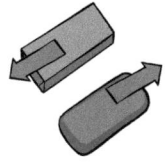
търгувам
du

пари
moni

долар
dollar

евро
euro

йена
yen

рубла
rubel

швейцарски франк
frank

ренминби юан
renminbi yuan

рупия
rupie

банкомат
monimasyin

обменно бюро
kenki kantoro

злато
gowtu

сребро
solfru

нефт
oli

енергия
krakti

цена
prijs

договор
kontrakti

данък
lantimoni

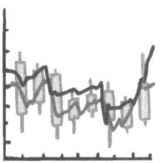

акция
pisi

работя
wroko

служител
wrokoman

работодател
wrokobasi

фабрика
fabrik

магазин за цветя
wenkri

икономика - ekonomia

професии
kari

полицай / skowtu

пожарникар / brandweerman

готвач / boriman

лекар / datra

пилот / piloot

градинар
djariman

мебелист
temreman

шивачка
modist

съдия
krutubasi

химик
scheikunde sma

артист
akteur

шофьор на автобус
sjafeur

шофьор на такси
taximan

рибар
fisiman

чистачка
krinsma

майстор на покриви
dakitapu man

келнер
diniman

ловец
ontiman

художник
ferfiman

хлебар
bakriman

електротехник
elektrikman

строителен работник
bow-wroko man

инженер
ensjinoru

касапин
sraktiman

тенекеджия
loodgieter

пощальон
postbode

професии - kari

войник
srudati

архитект
architekt

касиер
kasman

цветар
bromkisma

фризьор
seti sma wiri man

кондуктор
kondukteur

механик
monteur

капитан
kapten

зъболекар
tifidatra

научен работник
sabiman

равин
Dyu domri

имàм
Moslim domri

монах
moniki

свещеник
priester

професии - kari

инструменти
wrokosani

чук
amra

клещи
tang

отвертка
san fu drai skrufu

гаечен ключ
muru sroto

джобна ламп
flashlight

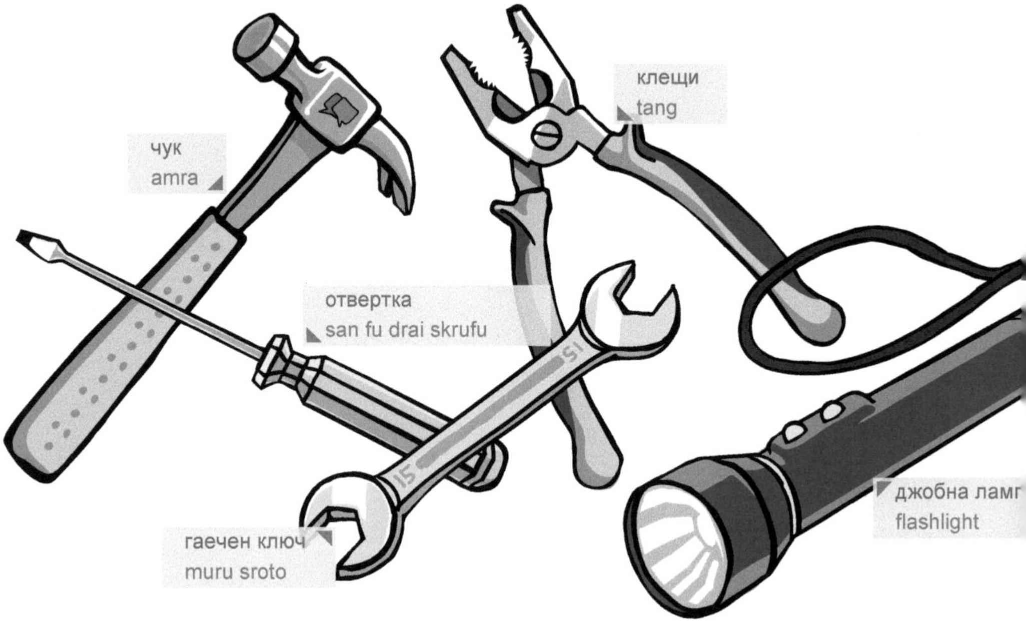

багер
dikimasyin

кутия за инструменти
wrokosani kisi

стълба
trapu

трион
sa

пирони
spikri

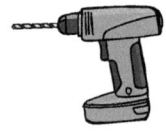

бормашина
boro

ремонтирам
meki

лопата
skepi

По дяволите!
Baya!

лопатка за смет
stofblik

кутия за боя
ferfi patu

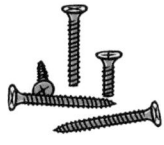
болтове
skrufu

музикални инструменти
poku sani

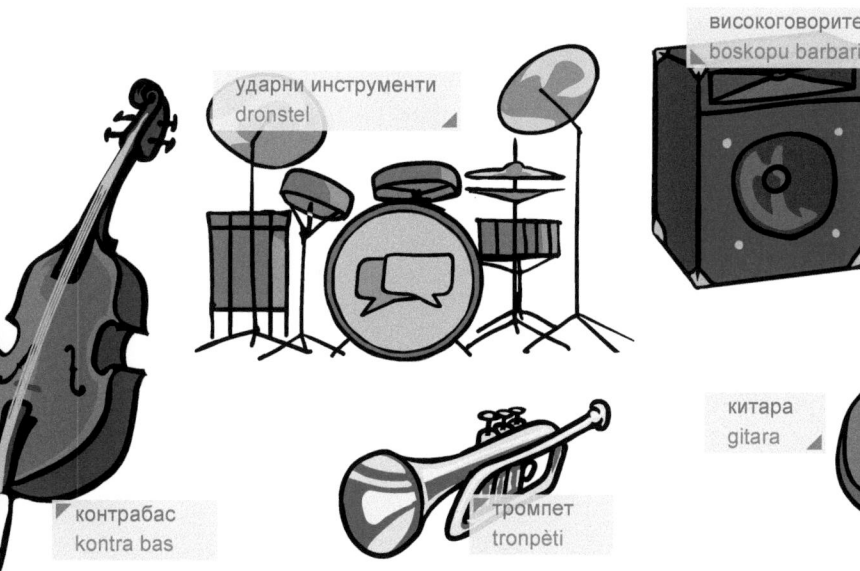

ударни инструменти
dronstel

високоговорител
boskopu barbari sani

китара
gitara

контрабас
kontra bas

тромпет
tronpèti

пиано piano	виолина finyoro	контрабас bas

тимпан pauk	барабан dron	електрическо пиано keyboard

саксофон saxofon	флейта froiti	микрофон mikrofon

зоологическа градина
meti dyari

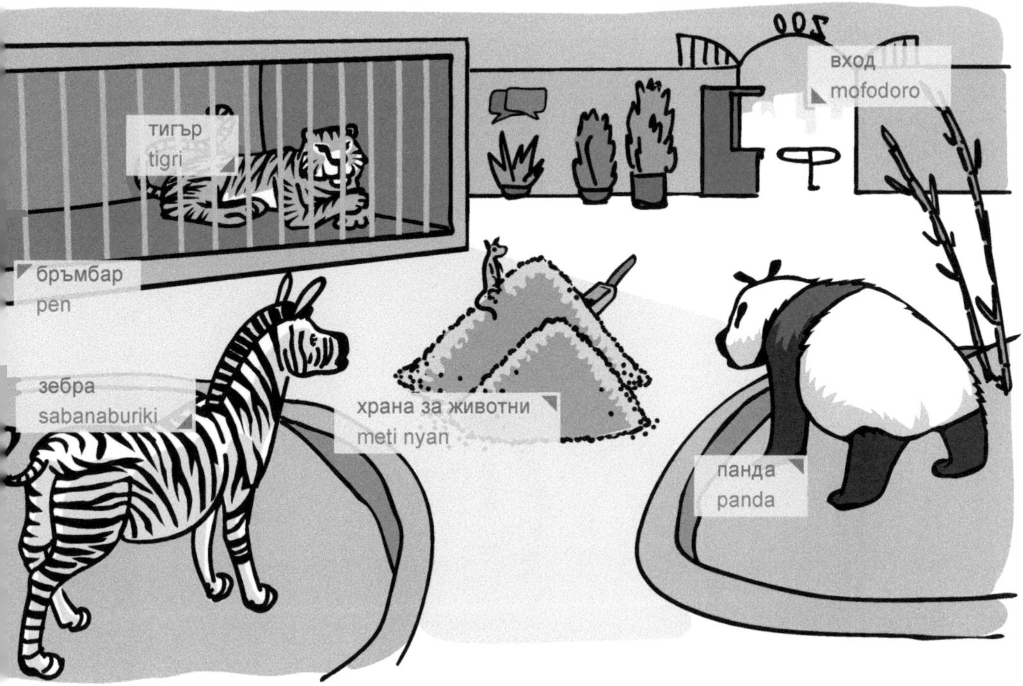

тигър — tigri
бръмбар — pen
зебра — sabanaburiki
вход — mofodoro
храна за животни — meti nyan
панда — panda

животни

meti

слон

asaw

кенгуру

kangeru

носорог

neushoorn

горила

gorilla

мечка

beer

камила
kameri

щраус
stroisifowru

лъв
lew

маймуна
monki

фламинго
korikori

папагал
popokai

бяла мечка
ijsbeer

пингвин
pinguïn

акула
sarki

паун
prodokaka

змия
sneki

крокодил
kaiman

пазач в зоологическа градина
sma san e sorgu meti

тюлен
sedagu

ягуар
penitigri

зоологическа градина - meti dyari

 пони pikin asi	 леопард penitigri	 хипопотам watrabofru
 жираф giraf	 орел aka	 диво прасе werder agu
 риба fisi	 костенурка sekrepatu	 морж walrus
 лисица sabanadagu	 газела dia	

зоологическа градина - meti dyari

спорт
sport

дейности
aktifiteit

скачам / jompo

прегръщам / brasa

смея се / lafu

вървя / waka

пея / singi

сънувам / dren

моля се / begi

целувам / bosi

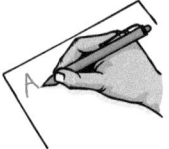

пиша
skrifi

рисувам
hari

показвам
sori

бутам
pusu

давам
gi

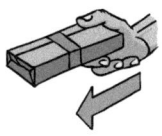

взимам
teki

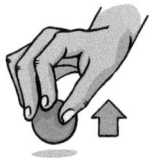

имам
abi

правя
dati

съм
de

стоя
tnapu

тичам
lon

дърпам
hari

хвърлям
trowe

падам
fadon

лежа
lei

чакам
wakti

нося
tyari

седя
sidon

обличам
weri

спя
sribi

събуждам се
wiki

дейности - aktifiteit

разглеждам
luku

плача
krei

милвам
korikori

реша се
kan

говоря
taki

разбирам
ferstan

питам
aksi

слушам
arki

пия
dringi

ям
nyanyan

разтребвам
krin

обичам
lobi

готвя
bori

карам автомобил
rei

летя
frei

дейности - aktifiteit

плавам (с платна)
seiri

смятане
teri

чета
lesi

уча
leri

работя
wroko

женя се
trow

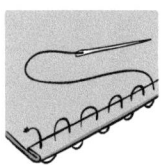
шия
nai

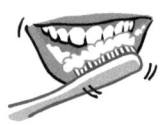
измивам си зъбите
krintifi

убивам
kiri

пуша
smoko

изпращам
seni

дейности - aktifiteit

семейство
famiri

баба / granmama
дядо / granpapa
баща / papa
майка / mama
бебе / beibi
дъщеря / umapikin
син / manpikin

посетител
fisiti

леля
tanta

чичо
omu

брат
brada

сестра
sisa

тяло
skin

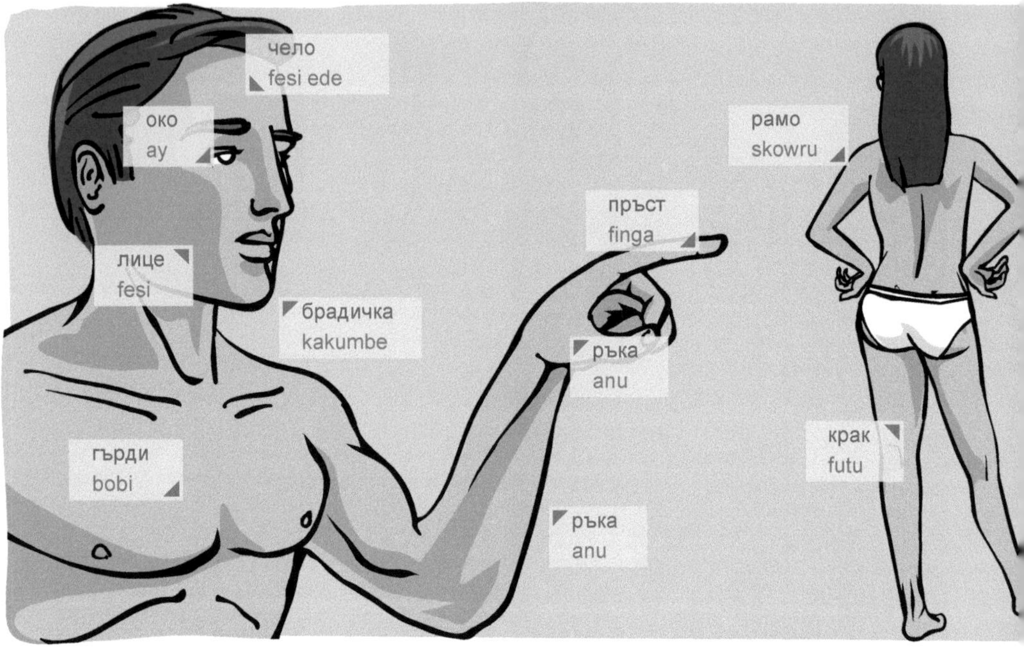

чело — fesi ede
око — ay
лице — fesi
брадичка — kakumbe
гърди — bobi
рамо — skowru
пръст — finga
ръка — anu
ръка — anu
крак — futu

бебе
beibi

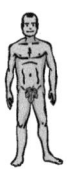

мъж
man

жена
uma

момиче
uma pikin

момче
boi

глава
ede

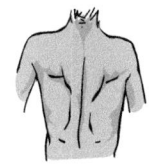

гръб
baka

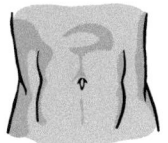

корем
bere

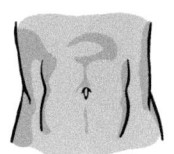

пъп
kumba

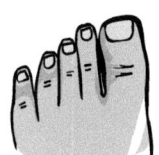

пръст на крака
futufinga

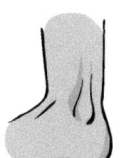

пета
bakafutu

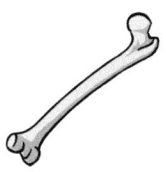

кост
bonyo

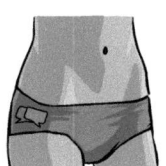

хълбок
djonku

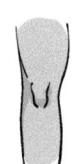

коляно
kindi

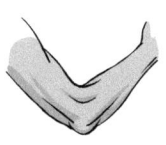

лакът
baka anu

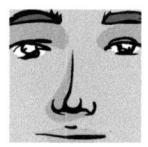

нос
noso

седалище
bakasei

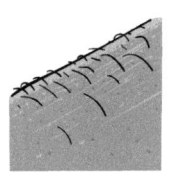

кожа
skin

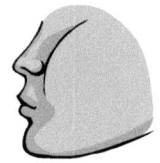

буза
seifesi

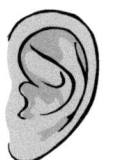

ухо
yesi

устна
mofobuba

тяло - skin

уста
mofo

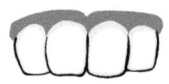

зъб
tifi

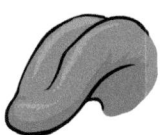

език
tongo

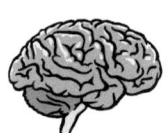

мозък
ede tonton

сърце
ati

мускул
titei

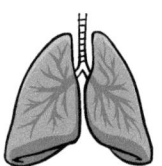

бял дроб
fokofoko

черен дроб
lefre

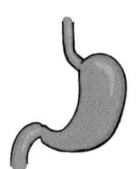

стомах
bere

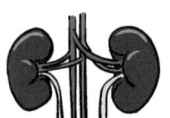

бъбреци
niri

полово сношение
freiri

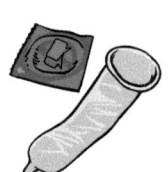

кондом
pipikowsu

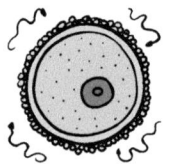

яйцеклетка
eksi

сперма
siri

бременност
bere

тяло - skin

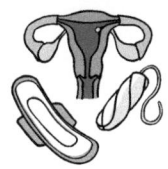
менструация
munsiki

вагина
umapresi

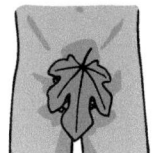
пенис
toli

вежда
atapu-ay-wiwiri

коса
wiwiri

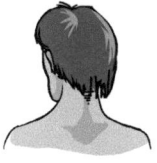
шия
neki

болница
ati oso

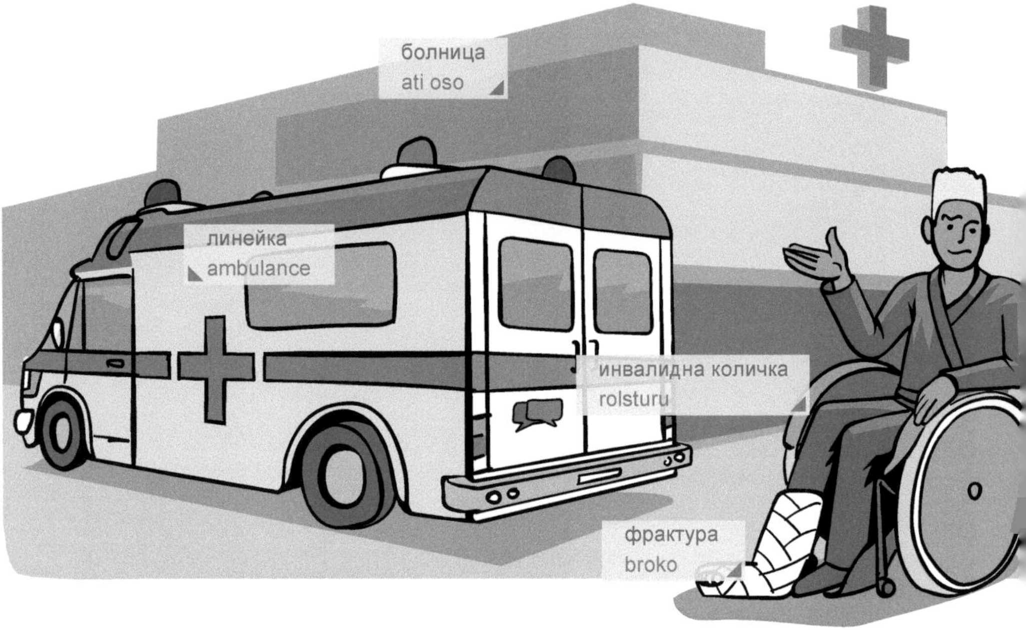

болница / ati oso
линейка / ambulance
инвалидна количка / rolsturu
фрактура / broko

лекар
datra

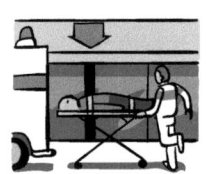

спешна хоспитализация
EHBO

медицинска сестра
suster

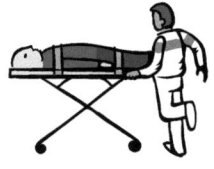

спешен случай
nowtu

в безсъзнание
flaw

болка
pen

нараняване
soro

кървене
brudu

инфаркт
ati siki

инсулт
bururtu

алергия
trefu

кашлица
koso

температура
kortsu

грип
griep

диария
lusu bere

главоболие
ede-ati

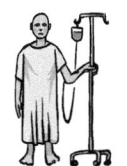

рак
takrusiki

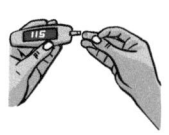

диабет
sukru

хирург
chirurg

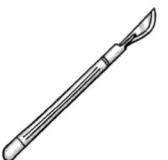

скалпел
skalpel

операция
operâsi

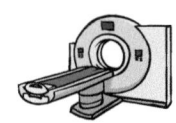

компютърна томография
CT

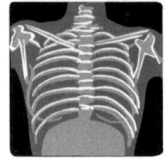

рентген
röntgen

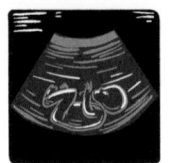

ултразвук
echo

маска
fesi maskradu

болест
siki

чакалня
wakti kamra

патерица
kroku

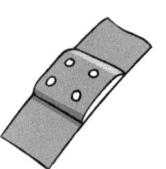

пластир
duku

превръзка
duku

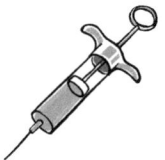

инжекция
spoiti

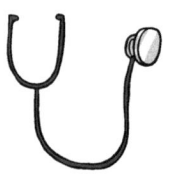

стетоскоп
stethoskoop

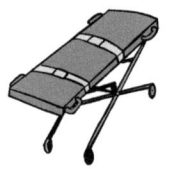

носилка
brandkard

термометър
temperatuur marki

раждане
gebore

наднормено тегло
fatu

74 болница - ati oso

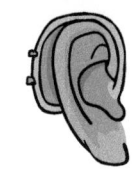
слухов апарат
masyin fu yere

дезинфекционно средство
sani fu krin

инфекция
dyomposiki

вирус
firus

HIV / AIDS
HIV / AIDS

медицина
dresi

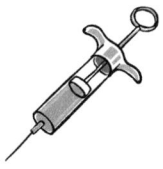
ваксинация
faksinasi

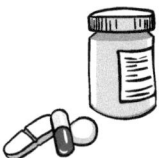
таблети
perki

противозачатъчна таблетка
perki

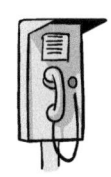
спешно телефонно обаждане
nowtu nomru

апарат за измерване на кръвното налягане
brudu marki

болен / здрав
siki / gesontu

болница - ati oso

спешен случай
nowtu

Помощ!
Yepi!

сигнал за тревога
warskow

нападение
feti

атака
feti

опасност
ogri

авариен изход
a nowtu doro

Пожар!
Faya!

пожарогасител
fayakiri sani

злополука
mankeri

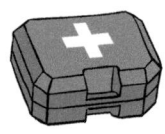

комплект за оказване на първа помощ
EHBO-kofru

SOS
SOS

полиция
skowtu

Земя
grontapu

Европа

Bakrakondre

Северна Америка

Opo-Amerkan

Южна Америка

Suid-Amerkan

Африка

Afrika

Азия

Asi

Австралия

Australia

Атлантически океан

Atlantis Se

Тихи океан

Tan tiri Se

Индийски океан

Indisch Se

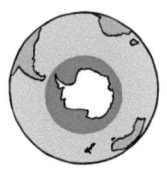

Южен ледовит океан

Suidsei Se

Северен ледовит океан

Noordsei Se

Северен полюс

Noordsei

Южен полюс	Антарктида	Земя
Suidsei	Antartika	grontapu

  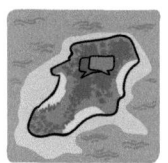

суша	море	остров
kondre	se	eilanti

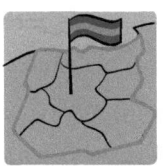 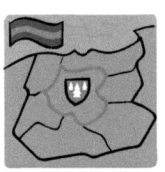

нация	държава
nâsi	lanti

часовник
oloisi

циферблат
oloisi fesi

стрелка на часовете
yuru sori

стрелка на минутите
miniti sori

стрелка на секундите
sekonde sori

Колко е часът?
O lati a de?

ден
dey

време
ten

сега
now

дигитален часовник
oloisi

минута
miniti

час
yuru

седмица
wiki

понеделник
munde

вторник
tudewroko

сряда
dridewroko

четвъртък
fodewroko

петък
freida

събота
satra

неделя
sonde

вчера
esde

днес
tide

утре
tamara

сутрин
mamanten

обед
bakadina

вечер
neti

работни дни
den wrokodei

уикенд
weekend

година

yari

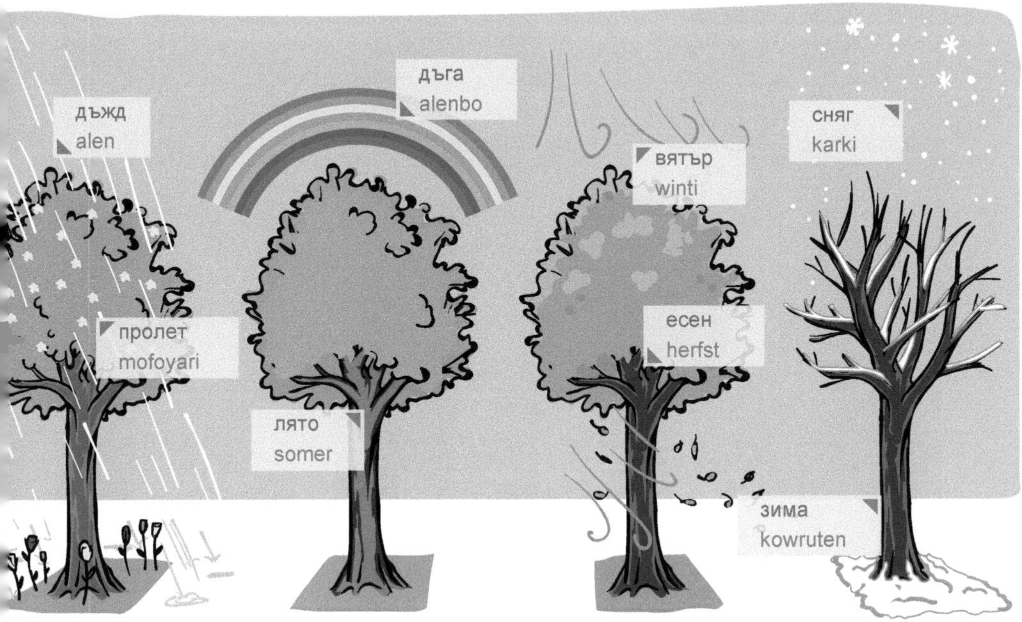

дъжд
alen
дъга
alenbo
вятър
winti
сняг
karki
пролет
mofoyari
лято
somer
есен
herfst
зима
kowruten

4.APRIL 11°
5.APRIL 4°
6.APRIL 13°
7.APRIL 8°
8.APRIL 10°

рогноза за времето

taki fu a weer

F C
120 40
90 30
60 20
30 10
0 0
-30 -10
-20

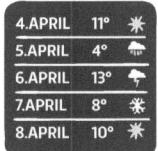

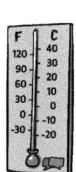

термометър

thermometer

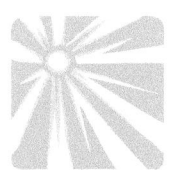

слънчева светлина

skèin fu a son

облак

wolku

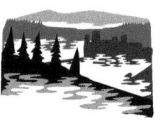

мъгла

dow

влажност на въздуха

loktu foktu

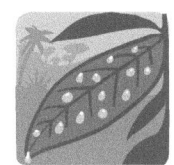

светкавица
faya

гръмотевица
dondru

буря
sekiwatra

градушка
agra

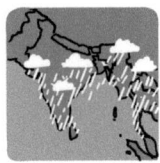
мусон
bigi skwala

наводнение
frudu

лед
èisi

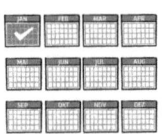
януари
januari

февруари
februari

март
maart

април
april

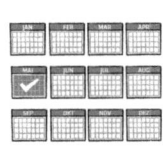
май
mei

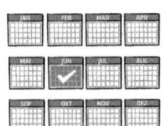
юни
juni

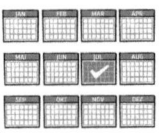
юли
juli

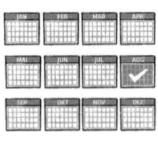
август
augustus

година - yari

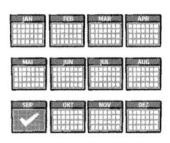 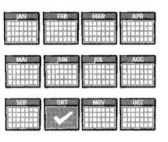 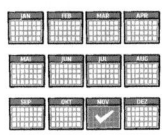

септември

september

октомври

oktober

ноември

nofember

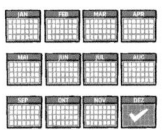

декември

december

форми
form

кръг

lontu

квадрат

fokanti

четириъгълник

fokanti naga langa sei

 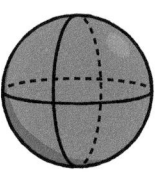 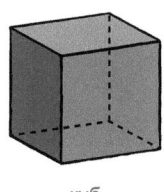

триъгълник

dri-uku

сфера

lontu

куб

kubus

цветове
kloru

бял
witi

жълт
geri

оранжев
alanya

розов
ròs

червен
redi

лилав
lila

син
blaw

зелен
grun

кафяв
broin

сив
grei

черен
blaka

противоположности
difrenti

много / малко
tumsi / wanwan

ядосан / спокоен
atibron / tiri

красив / грозен
moi / takru

начало / край
begin / kba

голям / малък
bigi / ptyin

светъл / тъмен
lekti / dungru

брат / сестра
brada / sisa

чист / мръсен
krin / doti

пълен / непълен
krinkrin / no bun nofo

ден / нощ
dei / neti

мъртъв / жив
dede / libi

широк / тесен
bradi / smara

ядлив / неядлив	сърдит / любезен	развълнуван / скучаещ
kan nyan / no kan nyan	takru / bun	prisiri / ferferi

дебел / тънък	най-напред / най-накрая	приятел / враг
fatu / fini	fosi / lasti	mati / feyanti

пълен / празен	твърд / мек	тежък / лек
furu / leigi	tranga / safu	hebi / lekti

глад / жажда	болен / здрав	нелегален / легален
angri / dreineki	siki / gesontu	no gi pasi / tru

интелигентен / глупав	ляво / дясно	близо / далече
koni / don	kruktu / leti	gi / fara

противоположности - difrenti

нов / употребяван
nyun / owru

нищо / нещо
noti / wan sani

стар / млад
owru / jongu

вкл. / изкл.
leti / tapu

отворен / затворен
opo / tapu

тих / силен (звук)
safu / tranga

богат / беден
gudu / poti

правилен / погрешен
bun / fowtu

грапав / гладък
grofu / grati

тъжен / щастлив
sari / breiti

дълъг / къс
shatu / langa

бавен / бърз
loli / esi-esi

мокър / сух
nati / drei

топъл / студен
warang / kowru

война / мир
feti / freide

противоположности - difrenti

числа
nomru

0 нула / noti

1 едно / wan

2 две / tu

3 три / dri

4 четири / fo

5 пет / feifi

6 шест / siksi

7 седем / seibi

8 осем / aiti

9 девет / neigi

10 десет / tin

11 единадесет / erfu

12
дванадесет
twarfu

13
тринадесет
tin-na-dri

14
четиринадесет
tin-na-fo

15
петнадесет
tin-na-feifi

16
шестнадесет
tin-na-siksi

17
седемнадесет
tin-na-seibi

18
осемнадесет
tin-na-aiti

19
деветнадесет
tin-na-neigi

20
двадесет
twenti

100
сто
hondru

1.000
хиляда
dusun

1.000.000
милион
milyun

езици
den tongo

английски

Ingristongo

американски английски

Amerkan Ingristongo

китайски мандарин

Sneisi Mandarijntongo

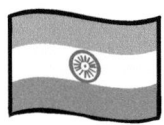

хинди

Hinditongo

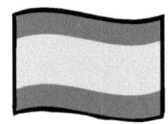

испански

Spanyoro

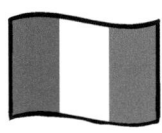

френски

Frans

арабски

Arabiatongo

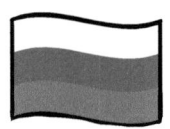

руски

Rusitongo

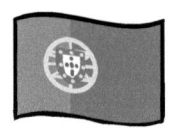

португалски

Potogisi

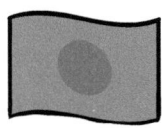

бенгалски

Bengalitongo

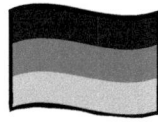

немски

Doisritongo

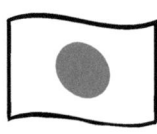

японски

Japantongo

кой / какво / как
suma / sang / fa

аз
mi

ти
yu

той / тя / то
en / en / en

ние
unu

вие
yu

те
den

кой?
suma?

какво?
san?

как?
fa?

къде?
pe?

кога?
oten?

име
nen

къде
pe

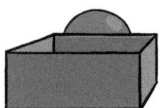

зад
baka

в
ini

пред
fesi

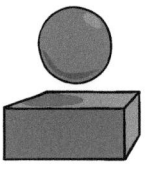

над
abra

върху
tapu

под
ondro

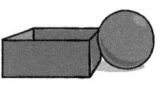

до
na sei

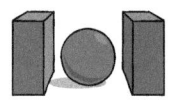

между
mindri

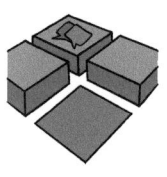

място
presi